Inhalt

Zertifikate - Können Transparenz und Sicherheitsversprechen den Absatz wieder ankurbeln?

Kernthesen

Beitrag

Fallbeispiele

Weiterführende Literatur

Impressum

Zertifikate - Können Transparenz und Sicherheitsversprechen den Absatz wieder ankurbeln?

G. Dengl

Kernthesen

- An Zertifikaten haben sich durch die Finanzkrise viele Kleinanleger die Finger verbrannt. Der Zusammenbruch des großen Zertifikate-Anbieters Lehman Brothers ist dafür zum Symbol geworden.
- Seither stagnieren die Absatzzahlen. Die Branche hofft nun durch eine Orientierung hin auf Transparenz und Sicherheit wieder

Anlegergelder einwerben zu können.
- Bisher geht dieser Plan nur mäßig auf. Die Produkte leiden nach wie vor unter einem Imageproblem - möglicherweise zu recht: Häufig werden die Risiken und Kosten, die mit dem Zertifikate-Kauf verbunden sind, nicht angemessen dargestellt.

Beitrag

Schwache Umsatzentwicklung hält an

Offiziell haben Anleger in Deutschland derzeit rund 107 Milliarden Euro in Zertifikate, Aktienanleihen und Optionsscheine investiert. Das hört sich nach viel an, scheint aber im Vergleich mit den rund 700 Milliarden Euro, die derzeit in Publikumsfonds investiert sind, noch ausbaufähig. Zertifikate sind Derivate, das heißt, sie beziehen sich auf einen Basiswert, etwa eine Aktie, eine Währung oder sogar einen Aktienindex und bilden dessen Wert nach. Die wichtigsten Zertifikate-Typen sind derzeit:

- Bonuszertifikate zahlen am Laufzeitende einen Bonus, sofern der Kurs des Basiswerts eine

Barriere nicht unterschreitet.
- Discountzertifikate geben Rabatt auf den Kurs des Basiswerts, begrenzen aber das Kurspotenzial.
- Expresszertifikate werden zuzüglich Kupon zurückgezahlt, sofern der Kurs des Basiswertes am Stichtag einen bestimmten Wert nicht unterschreitet. Andernfalls läuft das Papier ein Jahr weiter.
- Garantiezertifikate werden am Ende zu mindestens 100 Prozent des Ausgabewertes ausgezahlt und bieten so einen Kapitalschutz.
- Indexzertifikate vollziehen die Kurse eines Basiswertes nach.

Da Zertifikate mit vergleichsweise geringerem Aufwand zu vergeben sind, gibt es weit mehr Zertifikate als Fonds auf dem Markt: 475 000 Zertifikaten stehen lediglich 6 500 Publikumsfonds gegenüber. Doch die Zahlen täuschen über die tatsächliche Verfassung der Branche hinweg; denn der Absatz stagniert seit dem Zusammenbruch des Zertifikate-Emittenten Lehman Brothers, weil das Vertrauen in die Produkte noch nicht zurückgekehrt ist. Auf der anderen Seite laufen Index-Fonds den Index-Zertifikaten den Rang ab, weil es kaum noch Preisunterschiede zwischen beiden Anlageformen gibt. (1)

Transparenz und Sicherheit

Wer heute noch ein Zertifikat kauft, will kein Risiko mehr eingehen, und er will das Produkt im Gegensatz zu früher vor allem verstehen. Gut verkaufbar sind derzeit Produkte, die Kapitalschutz bieten. Dies funktioniert sowohl über Kapitalschutz-Zertifikate wie auch über Aktienanleihen mit Kupon (auch genannt "Strukturierte Anleihen"). Im Prinzip handelt es sich um wirtschaftlich ähnliche Risiken. Das eingesetzte Kapital wird vom Wertpapier-Emittenten garantiert, und es besteht die Chance auf eine überdurchschnittliche Rendite. In "Strukturierten Anleihen" und "Kapitalschutz-Zertifikaten" liegen mittlerweile rund zwei Drittel des Volumens im Zertifikatemarkt. Das Verkaufsargument schlechthin sind die in Aussicht gestellten Renditen ohne Aktienkursrisiko, die höher liegen als die Verzinsung auf Festgeldkonten. Was viele nicht bedenken: Der Anleger trägt dabei jedoch das Risiko der Zahlungsunfähigkeit des Emittenten; bei Festgeldkonten ist dies zumindest im Rahmen der staatlichen Einlagensicherung nicht der Fall. (1), (4)

Bleiben unberechenbar: Knock-Out-Zertifikate

Es ist eigentlich unverständlich, wieso Privatanleger sich immer noch und immer wieder dazu entschließen, Knock-Out-Zertifikate zu erwerben. Bei dieser Variante lockt die Aussicht auf eine hohe Rendite nur dann, wenn der Basiswert über die gesamte Laufzeit nie unter einen bestimmten Schwellenwert fällt. Tut er dies doch, ist das Papier wertlos. Das Wertpapier selbst hat seine Daseinsberechtigung beispielsweise im Risikomanagement oder in der professionellen Portfoliosteuerung, ist aber aufgrund des möglichen Totalverlusts ungeeignet für Privatanleger. Knock-Out-Zertifikate sind hochspekulative Papiere und symbolisieren den Archetyp des gefährlichen Finanzmarktspielzeugs, der schon viele Anleger um ihr Erspartes gebracht hat. Dennoch gibt es auch aktuell immer noch eine substanzielle Nachfrage nach diesen Produkten. (5)

Trends

Der Trend geht zu Einfachheit und Transparenz

Aktuell wünschen sich Anleger vor allem einfache, verständliche Produkte mit einem klaren Rendite-

Risiko-Profil. Sie setzen auf bekannte Strukturen wie Aktien- und Indexanleihen oder Kapitalschutz-Produkte. Vor allem Zertifikate mit Kapitalschutz können zu einer Alternative für Aktien oder Anleihen werden. Klassische Bonus-Zertifikate, bei denen Kursverluste bis zu einem gewissen Grad ohne Folgen für die Auszahlung am Laufzeitende bleiben, lassen sich beispielsweise als eine Art gepufferte Aktienanlage einsetzen, während Discountzertifikate, die einen hohen Rabatt zum Basiswert bieten, dafür aber eine Gewinnbegrenzung haben, eine Alternative zu Festzinsanlagen darstellen. (3)

Produktinformationsblatt soll Transparenz und Sicherheit bringen

Um die Kommunikation zwischen Privatanleger und Anlageberater zu vereinfachen, wird mittlerweile auf Produktinformationsblätter zurückgegriffen. Diese existieren in unterschiedlichen Ausprägungen, von knapp bis ausführlich. Der Bankenverband stellte im vergangenen Winter ein Muster eines Produktinformationsblattes vor, das sowohl die Ideen des deutschen Verbraucherschutzministeriums als auch erste Überlegungen auf der europäischen Ebene aufgreift. Das Produktinformationsblatt beschreibt die wesentlichen Chancen und Risiken sowie die Kosten eines Produkts. Wenn es brancheneinheitlich verwendet wird, ist ein Anlageinteressent in der Lage, unterschiedliche Produkte miteinander zu vergleichen. (7)

Fallbeispiele

Die Renner: Discount-Zertifikate

Per Ende Mai waren nach den jüngsten Daten des Deutschen Derivate Verbandes (DDV) rund acht Prozent des hierzulande in Zertifikaten angelegten Geldes in Discount-Zertifikaten investiert. Das hat einen einfachen Grund: Käufer eines Discount-Zertifikates erhalten im Hinblick auf den zu Grunde liegenden Basiswert einen Rabatt beim Kauf. Weil sie das Papier günstiger erworben haben, sind sie automatisch vor leichten Kursverlusten geschützt. Sie verzichten auf eine Dividende und nehmen an Kurssteigerungen nur bis zu einem Höchstbetrag ("Cap") teil. Obwohl das Renditepotenzial von Discount-Zertifikaten aufgrund dieser Regeln beschränkt erscheint, weisen die Papiere einen entscheidenden Vorteil auf: Bei einer Seitwärtsbewegung oder einem leichten Kursrückgang weisen sie eine deutlich höhere

Rendite auf als die Basiswerte selbst. Genau das war seit etwa Mitte letzten Jahres der Fall, und die Chancen stehen gut, dass diese Entwicklung noch eine Weile anhält. (2), (6)

Neue Zertifikate auf Nischenbörsen

Die Royal Bank of Scotland hat fünf neue Indexzertifikate auf Aktienkörbe aus Bangladesch, Sri Lanka, Kolumbien, Nigeria und Chile emittiert und bietet auch deutschen Anlegern die Möglichkeit, an der Entwicklung von Schwellenländern mitzuverdienen. Dabei ist der Zugang zu Aktien aus Bangladesch, Sri Lanka und Kolumbien erstmals überhaupt möglich. Wenngleich die Zertifikate simpel und transparent aufgebaut sind, sind sie dennoch recht riskant. Die Länder sind allesamt wirtschaftlich weit weniger entwickelt als westliche Industrieländer; daher ruht die Hoffnung auf einem wirtschaftlichen Aufholprozess, von dem Anleger profitieren könnten. (8)

Weiterführende Literatur

(1) Auf der Suche nach dem Mehrwert
aus Frankfurter Allgemeine Zeitung, 08.10.2010, Nr.

234, S. 19

(2) Discount-Zertifikate zeigen ihre Stärke
aus Frankfurter Allgemeine Zeitung, 10.08.2010, Nr. 183, S. 21

(3) Trend zur Vorsicht - allerdings mit Nuancen Anlegerverhalten ist defensiver geworden - Konservative Produkte haben klar Vorrang bei Beraterkunden - Bonus-Zertifikate im Fokus der Selbstentscheider
aus Börsen-Zeitung, 23.10.2010, Nummer 205, Seite B4

(4) Teure Optionen«
aus WirtschaftsWoche NR. 036 VOM 06.09.2010 SEITE 102

(5) Gefährliche Hektik
aus WirtschaftsWoche NR. 036 VOM 06.09.2010 SEITE 100

(6) Discount-Zertifikate - Weichspüler für die Börse
aus Zeitschrift für das gesamte Kreditwesen 16 vom 15.08.2010 Seite 827

(7) Orientierungshilfe für Privatkunden
aus Die Bank, Heft 10/2010, S. 18-20

(8) Neue Zertifikate auf Nischenbörsen
aus Frankfurter Allgemeine Zeitung, 19.10.2010, Nr. 243, S. 25

Impressum

Zertifikate - Können Transparenz und Sicherheitsversprechen den Absatz wieder ankurbeln?

Bibliografische Information der deutschen Nationalbibliothek

Die Deutsche Nationalbibliothek verzeichnet diese Publikation in der deutschen Nationalbibliografie; detaillierte bibliografische Daten sind im Internet über http://dnb.d-nb.de abrufbar.

ISBN: 978-3-7379-0503-9

© 2015 GBI-Genios Deutsche Wirtschaftsdatenbank GmbH, Freischützstraße 96, 81927 München, www.genios.de

Alle Rechte vorbehalten. Dieses Werk ist einschließlich aller seiner Teile – z.B. Texte, Tabellen und Grafiken - urheberrechtlich geschützt. Jede Verwertung außerhalb der Grenzen des Urheberrechtsgesetzes bedarf der vorherigen Zustimmung des Verlags. Dies gilt insbesondere auch für auszugsweise Nachdrucke, fotomechanische

Vervielfältigungen (Fotokopie/Mikroskopie), Übersetzungen, Auswertungen durch Datenbanken oder ähnliche Einrichtungen und die Einspeicherung und Verarbeitung in elektronischen Systemen.